Rhemaismo

Tu Nueva Filosofía de Vida

Joa Lawrence

DiViNE PURPOSE
publishing house llc
Fort Worth, Texas

Rhemaismo: Tu Nueva Filosofía de Vida
© 2025 Joa Lawerence

Texto bíblico: Reina-Valera 1960 ® © Sociedades Bíblicas en América Latina, 1960. Renovado © Sociedades Bíblicas Unidas, 1988. Utilizado con permiso. Reina-Valera 1960® es una marca registrada de Sociedades Bíblicas Unidas, y se puede usar solamente bajo licencia.

Ninguna parte de este libro puede ser reproducida, almacenada en un sistema de recuperación, ni transmitida por ningún medio—electrónico, mecánico, fotocopia, grabación u otro—excepto por breves citas utilizadas en reseñas impresas, sin la autorización previa y por escrito del titular de los derechos de autor.

DiViNE Purpose Publishing House, LLC
Fort Worth, TX 76131
www.divinepurposepublishing.com

Library of Congress Control Number: 2025917083

Print ISBN: 978-1-948812-42-9
eBook ISBN: 978-1-948812-43-6

Índice

Dedicatoria 5
Prólogo 7
Introducción 11
Enseñanza 1 .... **13**
Filosofías de Vida 13
Enseñanza 2 .... **17**
Idea Central del Rhemaismo 17
Enseñanza 3 .... **19**
Principios Básicos del Rhemaismo 19
Enseñanza 4 .... **25**
Proceso para Alcanzar el Rhemaismo 25
Enseñanza 5 .... **29**
Enfoque Filosófico del Rhemaismo 29
Enseñanza 6 .... **31**
Funcionalidad de la Filosofía Rhemaismo 31
Enseñanza 7 .... **33**
Métodos para Ayudar a otros a Descubrir su Propósito 33
Enseñanza 8 .... **37**
Objetivo del Rhemaismo 37
Enseñanza 9 .... **39**
Advertencia O Peligro 39
Enseñanza 10 .... **41**
Principios y Verdades Bíblicas 41
Devocional **45**
Día 1: El poder del Rhema 47

Contents

Día 2: Escuchar la voz de Dios ...49
Día 3: Alinear tu Mente con tu Espíritu ...51
Día 4: Dios tiene un Propósito en tu Vida ...53
Día 5: Conexión entre Relación y Revelación ...55
Día 6: La Sabiduría es un Regalo del Espíritu Santo ...57
Día 7: La Imagen de Dios en el Hombre ...59
Día 8: La Oración Efectiva ...61
Día 9: Entrenamiento Espiritual ...63
Día 10: La Funcionalidad del Rhema ...65
Día 11: Ayudando a Otros a Descubrir su Propósito ...67
Día 12: Instrucciones Divinas ...69
Día 13: La bendición de la Sanidad Divina ...71
Día 14: El Poder de la Oración de Acuerdo ...73
Día 15: Vivir en Victoria ...75
Día 16: Santificados en Cristo ...77
Día 17: ¿Quién contra ti? ...79
Día 18: Decide Perdonar ...81
Día 19: Oír dos Veces ...83
Día 20: Libre Albedrio ...85
Día 21: Venciendo el Escepticismo ...87
Día 22: La Verdad de la Palabra ...89
Día 23: Elévate ...91
Día 24: Los Frutos me Identifican ...93
Día 25: Ángeles a mi Alrededor ...95
Día 26: Revelación del Diezmo ...97
Día 27: Testificando el Gozo ...99
Día 28: Libre del Temor ...101
Día 29: Madurez Espiritual al Servicio de Dios ...103
Día 30: Nuestro Intercesor ...105
Día 31: Resucitar para Vida Eterna ...107
Autor Biografía ...**109**

Dedicatoria

Por fin, puedo hacer esta dedicatoria con mucha satisfacción. Hubo una persona que constantemente me decía, "Joa, tienes que escribir tu libro". No le hacía caso, y aún más, me molestaba cada vez que me recordaba que tenía esta asignación.

Fue un "aguijón" que Dios usó hasta que finalmente me di a la tarea de plasmar el logo que Dios había puesto en mi corazón para que llegue a ser rhema en muchas personas.

— A ti, mi amado esposo, José, te dedico este logro. Gracias, por no rendirte. Lo logramos.

Prólogo

Quise llamar la atención del libro a través del diseño de la portada y los colores blanco, rojo, morado y dorado, pues simbolizan la intención primordial del tema. El libro va dirigido a las personas que tengan deseo de conocer la verdad de la Palabra, pues a través de su revelación es que se va a alcanzar el propósito en la vida.

Ya sabemos que fuimos hechos a la imagen y semejanza de Dios. Sabemos que somos un espíritu, con una mente y viviendo en un cuerpo. Además, que Dios nos "puso" en el vientre de nuestras madres, para traernos al mundo y vivir una experiencia terrenal.

Conociendo que nuestro Padre es un Dios de orden, no nos debe extrañar que, desde el principio de la Creación, Él estableció un orden. Primero formó los peces, luego los reptiles, siguió con los animales y finalmente, formó al ser humano. Es interesante saber que, ese orden de la creación está relacionado con el desarrollo del ser humano. Explico:

El ser humano, primero está en agua (líquido amniótico) como los peces; cuando nacemos y vamos teniendo movimiento, lo primero que hacemos es arrastrarnos, como los reptiles; luego gateamos, como los animales terrestres (4 patas) y finalmente, caminamos o marchamos, o sea, se levanta la máxima creación de Dios: el ser humano.

Durante todo ese proceso, se tienen ciertas experiencias que se van acumulando en el cerebro. A través de esas experiencias se registran las características de cada una de las especies y que están relacionadas con las conductas presentadas en las distintas etapas de vida. Esas vivencias van formando la identidad de cada uno de nosotros.

Este libro, nos dirige a conocer quiénes somos, según el plan divino, para así elevar nuestra mente, que es donde llega toda la información que recibimos y ponderarla bajo el sacrificio del derramamiento de sangre de Jesucristo, que fue quien nos cambió de la naturaleza pecaminosa a ser hijos de Dios.

En el curso de Desarrollo Humano basado en la Organización Neurológica Funcional, Dominga Carbonara Casotto, especialista en Desarrollo Humano y Organización Neurológica Funcional, expone que es en el cerebro donde está nuestro espíritu, pues a través de varios estudios se ha corroborado, que es en la corteza frontal donde se toman las decisiones. Aplicando ese conocimiento a la revelación de que Dios nos creó con un propósito, pero que también nos dio un libre albedrío para decidir el rumbo de nuestras vidas, es que vemos la pertinencia del diseño de la portada con la revelación de la Palabra y nuestro propósito.

A través de la preciosa sangre de Cristo (rojo), es que tenemos entrada a Su Majestuosidad (dorado y morado), y a través de Su Palabra, descubrimos el propósito de alcanzar la perfección de su Santidad (blanco). Por lo tanto, al exponernos a la Palabra, la recibimos en nuestro ser (espíritu), la escudriñamos (mente) y comenzamos a tener vivencias terrenales (cuerpo), pero enfocados en la promesa de la vida eterna junto al Señor Jesucristo.

Cuando recibimos Su Palabra (logo), la internalizamos y se hace viva y real en cada uno (rhema). Es cuando, no se tiene duda de que la Palabra de Dios es viva y eficaz y tomamos la decisión (libre albedrío) de cambiar nuestra pasada manera de vivir y nos acercamos al trono de su gracia (corona de vida).
Y somos libres... y vivimos felices por la eternidad.

"He aquí, yo vengo pronto; retén lo que tienes, para que ninguno tome tu corona. Al que venciere, yo lo haré columna en el templo de mi Dios, y nunca más saldrá de allí; y escribiré sobre él el nombre de mi Dios, y el nombre de la ciudad de mi Dios, la nueva Jerusalén, la cual desciende del cielo, de mi Dios, y mi nombre nuevo. (Apocalipsis 3:11-12).

Introducción

Mantener una relación personal con Dios, es la clave para alcanzar Su Propósito en tu vida. Según te vayas relacionando con tu Creador vas recibiendo revelación a través de su Palabra, y a su vez, te convences de que el logo escrito es la llave para descubrir sus promesas y convertirlas en tus bendiciones. A través de las distintas experiencias que vayas viviendo día a día, vas a establecer la convicción de que Dios es Real y que Su Palabra es Verdadera. Por lo tanto, nada ni nadie podrá desviarte de tu camino pues cada vivencia, será medular en tu nueva filosofía de vida. Esas experiencias que te van a llevar a tu convicción de que la Palabra de Dios es verdadera, son las que me han hecho crear esta filosofía a la cual he denominado: Rhemaismo.

Nota al Lector Este libro ha sido diseñado para guiarte en un viaje de revelación en dos partes. La primera parte presenta enseñanzas claras y enfocadas — no capítulos extensos, sino principios y claves concisas que puedes absorber y reflexionar fácilmente. La segunda parte ofrece devocionales diarios para ayudarte a poner en práctica estas verdades cada día, invitándote a profundizar tu relación con Dios mediante la Escritura, la reflexión y la oración. Te animo a leer cada enseñanza con el corazón abierto y permitir que los devocionales te ayuden a caminar lo que descubres. Que cada página fortalezca tu fe y te acerque más a tu propósito.

Enseñanza 1
Filosofías de Vida

En esta primera enseñanza sentamos la base para comprender cómo las filosofías de vida moldean nuestras creencias —y por qué el Rhemaismo nos dirige a la verdad divina.

Para poder entender y aprender a vivir bajo la filosofía del Rhemaismo, tengo que definir en primer lugar el término "filosofía". Este término se compone de dos vocablos: *philo* que significa amor y *sophia* cuyo significado es sabiduría. Por lo tanto, filosofía se traduce como amor a la sabiduría.

A través de los tiempos muchos eruditos han desarrollado diversos enfoques filosóficos con el propósito de encontrar la realidad existencial. Esta búsqueda la han hecho a través de distintas interrogantes del porqué y para qué de la vida. Pero, por causa de la desarmonía entre las diversas premisas y los fundamentos de las distintas filosofías, el ser humano continúa buscando cuál es su realidad y las contestaciones a todas sus interrogantes.

La contestación a esta búsqueda se encuentra en Colosenses 2:8, "Mirad que nadie os engañe por medio de filosofías frías y huecas sutilezas, según las tradiciones de los hombres, conforme a los rudimentos del mundo y no según Cristo". En otras palabras, el apóstol Pablo nos insta a "cuidarnos de la filosofía humana". Siendo así, puedo inferir que los estatutos y premisas establecidas en las distintas filosofías que se han desarrollado a través de los tiempos, no han podido ayudar al ser humano a encontrar "su verdad" y mucho menos, su propósito. Esta inferencia la hago, debido a que para encontrar la verdad hay que enfocarse en la Verdad del Ser Supremo que es Dios. Es a través de sus mandamientos y estatutos, que aprendemos a vivir en obediencia a Él, y conocer por qué y para qué fuimos creados.

Hoy día nos damos cuenta que hay muchos cristianos que aman a Dios con todo su corazón, pero continúan sin conocer Su Propósito en su vida espiritual. Una de las razones por las cuales están estancados y en muchas ocasiones se sienten frustrados es porque no se edifican en la Verdad de la Palabra de Dios.

Rhemaismo

En línea con este pensamiento, surge la filosofía que denominé, "Rhemaismo". Este término se deriva del vocablo "rhema". La palabra "rhema", proviene del griego y significa "palabra o verbo". Esta definición se asemeja a la definición de la palabra "logo", que también significa "palabra". La diferencia entre "rhema y logo" es que la primera se complementa con la acción y el segundo es solo significado. He aquí una de las razones por las cuales muchos cristianos "no avanzan en su vida espiritual". Leen y escuchan la Palabra de Dios, pero solo a nivel de significado y no actúan de acuerdo a la Palabra. Es imprescindible poner esa Palabra en acción.

Entre algunos de los eruditos de la Palabra que han utilizado el término "rhema" en sus enseñanzas, puedo mencionar a Kenneth Hagin. Este ministro de la Palabra ha sido reconocido por sus prédicas motivadoras, aunque también ha sido rechazado y criticado por sus mensajes profundos.

Tomando en consideración, el ejemplo del Pastor Hagin, quiero establecer que el propósito de este libro no es contender con las distintas interpretaciones del término "rhema", sino todo lo contrario, el propósito fundamental del libro es ayudar a los lectores a disfrutar los beneficios de dicha palabra, al entender la importancia de poner en acción la revelación individual recibida en la **relación personal con Dios**. Así comienza nuestro amor por la sabiduría y la introducción a nuestra nueva filosofía de vida.

Enseñanza 2
Idea Central del Rhemaismo

Aquí nos enfocamos en el corazón del Rhemaismo: su propósito, su visión y cómo nos ayuda a alinear espíritu, mente y cuerpo con el diseño de Dios, a través de nuestra vida diaria.

La idea central de esta filosofía es que cada creyente se dé la oportunidad de tener experiencias y vivencias individuales que lo ayuden a identificar su "esencia espiritual".

Según establecido en la Palabra, el ser humano está hecho a imagen y semejanza de Dios (Gen. 1:26; Gen 5:1). Por lo tanto, de cada uno de nosotros emana Su Naturaleza. Partiendo de esta premisa, la visión del rhemaismo es que el hombre es un **ser tripartita**, ya que el ser humano es un espíritu, que tiene una mente y vive dentro de un cuerpo.

Al identificar como está compuesto el ser humano, se le puede ayudar a encontrar la interacción perfecta entre espíritu, mente y cuerpo hasta alcanzar la manifestación de su naturaleza divina.

Para poder entender y lograr que esta filosofía se haga parte del creyente es necesario que "subamos nuestra mente a nuestro espíritu". Me explico, en nuestra mente carnal, hay muchas experiencias negativas, muchas enseñanzas incorrectas, muchas dudas y muchas emociones conflictivas, que limitan nuestra capacidad de "escuchar" la Voz de Dios a nuestras vidas. Nuestra mente tiene que someterse a lo que nuestro espíritu "nos dice". Es esa vocecita que nos inquieta, nos motiva, nos dirige y nos provoca a hacer introspecciones y comenzar los cambios en nuestra manera de pensar y actuar. Para poder escuchar esa Voz, tenemos que cambiar nuestros pensamientos y comenzar a darle una oportunidad a lo que nuestro espíritu nos va "diciendo" a través de lo que leemos, escuchamos y sentimos a través del logo de la Biblia y las enseñanzas, prédicas y oraciones. Para que esto suceda tenemos que tomar ciertas decisiones que harán que nuestra vida cambie 180 grados. Ese giro es parte de la revelación de Dios a nuestras vidas.

Enseñanza 3
Principios Básicos del Rhemaismo

Esta enseñanza resalta los principios claves para abrazar plenamente el Rhemaismo, invitándote a crecer en espíritu y renovar tu mente cada día.

He identificado varios principios básicos para entender la finalidad de la filosofía. Estos principios nos ayudan también a "crecer" en el espíritu y "menguar" en la mente, que es la que nos paraliza en nuestro crecimiento espiritual.

1. Espiritualidad

Debemos entender y convencernos que somos espíritu. Esa realidad es una verdad, pues nuestro verdadero ser es espiritual.

2. Alineación

También debemos entender que la mente y el cuerpo deben alinearse al espíritu (como ya mencioné ese es nuestro verdadero ser, pues todo ser humano es un espíritu). Al tener esta revelación podremos identificar cuál es nuestro máximo potencial. Es en Jeremías 1:5 donde podemos explicar el fundamento de esta revelación. Dicha escritura lee así: "Antes que te formase en el vientre te conocí, y antes que nacieses te santifiqué, te di por profeta a las naciones". Esta escritura expone la importancia que tiene en cada creyente descubrir su esencia espiritual e identificar su propósito, ya que Dios nos formó desde el vientre de nuestras madres con un propósito.

Por otro lado, este versículo bíblico establece que desde la eternidad tenemos relación con Dios y es una relación que debemos llevar a la perfección. Lamentablemente, cuando entró el pecado al mundo se dañó la relación perfecta que teníamos con el Padre. Aun así, el propósito de Dios con cada uno de sus hijos sigue siendo perfecto, pero es nuestra responsabilidad buscar, retomar y mantener esa relación para poder alcanzar Su Perfección. En Efesios 4:12, nos dice que "Él nos quiere perfeccionar para la obra del ministerio, para la edificación del cuerpo de Cristo." O sea, que somos en esencia seres perfectos, pues Dios nos ve así, ya que somos hechos a la imagen y semejanza de Dios, porque tenemos una misión y un propósito.

3. Katartismo

Existe otro término que se explica en la interpretación de la Biblia Plenitud y es "katartismo". Este término significa: perfeccionar, adecuar, preparar, entrenar o calificar. O sea, Dios quiere y espera que recuperemos nuestra integridad (que perdimos cuando entró el pecado al mundo) y esto es una responsabilidad individual. Por lo tanto, es en esa relación personal donde se aprende a vivir de una manera distinta a como viven los que no se dan la oportunidad de aprender a desarrollar el "rhema" de la Palabra de Dios. Es importante destacar que el accionar (rhema) la Palabra es responsabilidad de cada creyente. El verdadero "mundo" del ser humano es el mundo espiritual y se entra a ese mundo cuando el logo de la Palabra se convierte en rhema. Lo explico de la siguiente manera: el creyente tiene que "vivir" unas experiencias dentro del mundo espiritual, o sea, tiene que vivir la verdad a través de experiencias reales e individuales que se van a manifestar en el mundo natural. En resumen, cada creyente tiene que creer y vivir lo que dice la Palabra. Tiene que irse entrenando, preparando y perfeccionando en la vida espiritual. Esa es nuestra responsabilidad.

4. Cambio de conciencia

Para comenzar a vivir esas experiencias espirituales el creyente tiene que comenzar a cambiar su manera de pensar. ¿Cómo se hace? A través de la oración, la lectura de la Palabra, el análisis y evaluación de las enseñanzas adquiridas, o sea, a través de la revelación. En resumen, hay que desaprender lo mal aprendido, para poder crecer en la filosofía del rhemaismo.

Desde el principio de la creación, Dios dotó al género humano de "instinto moral" (Romanos 2:15) y como ya mencioné, es nuestra responsabilidad buscar esa revelación. Por lo tanto, aún en pecado, el ser humano tiene una conciencia para testimonio de sus actos.

La importancia de escudriñar las Escrituras según se establece en Juan 5:39 es para crecer en fe al alimentarnos de la Palabra. También, en Romanos 10:17 nos dice: "Así pues, la fe es por el oír y el oír de la Palabra de Dios." De esta escritura se puede inferir que la importancia de leer la Biblia y escuchar la Palabra, es porque tenemos la garantía de que el Espíritu Santo nos va a dar las respuestas de fe a cada uno de nosotros los creyentes y la confiabilidad de que a través del logo de la Biblia va a aumentar nuestra fe. En dicha escritura el primer "oír" implica el logo escrito y es cuando se cree lo que dice la Escritura, pero el segundo "oír", implica que esa Escritura o logo se convierte en "rhema" y el creyente comienza a vivir en fe, o sea va a actuar de acuerdo a lo que dice la Palabra. En 1ra de Pedro 1:22-23 nos dice, que purifiquemos nuestras almas obedeciendo la verdad mediante el Espíritu, el cual nos va a renacer a través de la Palabra de Dios que vive y permanece para siempre. Esto se explica así: Debemos vivir en el espíritu buscando la presencia de Dios. La semilla de la Palabra nos da nueva vida, tal cual es la Voluntad de Dios y Su Propósito en cada creyente. Por tal razón, al cambiar nuestras conciencias por medio de la Palabra, entendemos el porqué de nuestra existencia, que está entrelazado con el propósito en nuestra vida.

5. Propósito

Ya que establecimos que nacimos con un propósito, es nuestro deber como creyentes hacer todo lo que esté a nuestro alcance para que se cumpla el mismo. Desde la eternidad Dios **creó** al hombre, pero luego decidió **formarlo** en un ser tripartita (espíritu, alma y cuerpo). También le dio la potestad de poder elegir el rumbo de su vida y por tal razón le dio la conciencia con libertad de decidir en libre albedrío. Es importante que sepamos que el libre albedrío es la manera de elegir el camino que vamos a seguir en la vida. Ese camino debe estar dirigido por instrucciones divinas como expresé al principio. A través de las generaciones, el hombre ha buscado su propósito de vida a través de distintas filosofías de vida enfocadas en sus propias decisiones y no por el plan divino del Creador. Desde siempre el hombre se ha preguntado "el porqué de su existencia, olvidándose de buscar el propósito por el cual está en el lugar que se encuentra. Más aún, se ha olvidado u omitido poner en acción el logo de Dios (la Palabra) y vivir en el "rhema" (acción) de la Escritura. Al vivir en el rhema, el creyente va a tener experiencias personales sobre su existencia y el plan divino para su vida. Dios nos da las instrucciones, pero también nos da la libertad de tomar nuestras decisiones, aunque también nos da la provisión de la sabiduría.

Enseñanza 4

Proceso para Alcanzar el Rhemaismo

En esta sección, descubrirás los pasos prácticos que te guiarán, de aprender la Palabra, a vivirla — transformando conocimiento en acción.

Es importante seguir ciertos pasos para poder "entrar" en el rhema de la Palabra de Dios. Estos pasos son los siguientes:

1. Decisión- el primer paso es aceptar a Jesucristo como Salvador personal. Es cuando obtienes el derecho legal de ser hijo y recibir las promesas.

2. Escudriñar las Escrituras- buscar revelación a través de la dirección de Espíritu Santo. La Palabra establece que cuando "confesamos a Jesucristo como nuestro Salvador, el Espíritu Santo viene a morar dentro de cada creyente para dirigirnos hacia la Verdad a través del logo de la Palabra (Juan 16:13).

3. Orar- a través de la oración buscar la conexión directa para hablar con Dios.

4. Cambio de conciencia- este cambio ocurre cuando se han dado los 3 pasos anteriores, pues es en esa relación personal que se comienzan a "abrir" los ojos espirituales y se comienza a desaprender todo lo mal aprendido. La falta de sabiduría en relación a aplicar en nuestras vidas lo que establece la Palabra de Dios, es lo que ha limitado nuestro potencial. Los creyentes comienzan a cambiar sus conciencias a través de las experiencias sobrenaturales que empiezan a vivir. Esas experiencias los motivan a buscar cada día más sobre las verdades espirituales, pues las mismas se van haciendo reales, comunes y naturales en sus vidas. Es importante establecer que las verdades espirituales "son" ciertas, aunque nadie las descubra. Pero con el cambio de conciencia es que esas verdades comienzan a "ser" realidad en cada creyente.

Un ejemplo: los cristianos creemos que Dios se hizo hombre y vino a la Tierra a redimir al ser humano del pecado a través de Su Sacrificio. Además, creemos que murió en la cruz y al tercer día resucitó y nos reconcilió con Papá. Esa es una verdad que creemos los cristianos y es nuestra fe. Pero, asumiendo que nadie en el Mundo tuviera esa revelación o aceptara esa verdad, no por eso deja de ser cierta.

Cristo murió por nosotros y nos hizo libres. Cuando se tiene relación personal es que se pueden "vivir" esas experiencias y conocer esa verdad, que lamentablemente muchos no han descubierto y viven ignorantes y desprovistos de la maravillosa realidad del Amor de Dios.

Cuando Dios hizo o formó al hombre, este ya "era", como ya mencioné y según establecido en Jeremías 1:5; pero Dios "metió" ese espíritu dentro de un cuerpo y le dio una mente para que pudiera racionalizar y a través del raciocinio (enfocado en el logo de la Palabra), adquirir más y más sabiduría. Esa sabiduría ya estaba en esencia dentro del ser de cada humano, pero cada persona tiene la libertad de crecer en sabiduría o menguar en ignorancia. Aquí está la clave para entender porque algunos cristianos viven en fe y otros no dan testimonio de quienes son en Cristo Jesús, y peor aún, están las personas que, por no creer la verdad de la Palabra, no tienen relación con el Todopoderoso.

Nos remontamos al primer hombre. Adán, fue el primer hombre formado, y tenía entrada a la relación íntima con Dios, pues sus "ojos espirituales" estaban abiertos y podía "ver" y disfrutar todas las bendiciones del Reino de forma natural. Lamentablemente, por causa de **no creer lo que ya era y tenía**, entró en desobediencia, pues decidió cambiar su conciencia espiritual por una conciencia carnal o mundana, dejando esa herencia de pecado a la humanidad. Lo que era común para el primer hombre cambió de naturaleza y ahora el ser humano ya no puede naturalmente "ver" las bendiciones a las que tiene derecho cuando se reconcilia y se convierte en hijo de Dios. Ahora, el creyente, a través del logo, tiene que "entrar" y buscar en el mundo sobrenatural las condiciones y bendiciones que Dios le había regalado desde un principio a través de Su Imagen. Hoy día, nuestro Padre espera que vivamos por fe, (pues lo que era natural ahora es sobrenatural). En Hebreos 11:1 el Apóstol Pablo nos dice, que la fe es la certeza de lo que se espera, la convicción de lo que no se ve. No vivamos como Adán, para que podamos alcanzar nuestro propósito, y a su vez agradamos a Dios. Adán no alcanzó su propósito en la vida, por no creer quién era y desobedecer las instrucciones divinas. Tenemos que aprender a vivir en fe, que es un principio de acción y de poder.

Enseñanza 5
Enfoque Filosófico del Rhemaismo

Aquí profundizamos en cómo el Rhemaismo conecta verdades espirituales con la vida práctica —mostrándote cómo pensar, crecer y actuar con propósito.

Luego de analizar los conceptos y procesos de esta filosofía podemos establecer que Dios creó al hombre antes de crear al mundo, pero "formó al hombre" para que disfrutara de ese mundo, pues Él nos ha amado desde siempre. Como ya se ha explicado, el ser humano nació con un propósito y es su responsabilidad descubrirlo en el mundo espiritual y luego manifestarlo en el mundo natural. Por lo tanto, es importante **racionalizar** las verdades espirituales. Es entonces que se comienza con el cambio de conciencia. Lo explico de la siguiente manera: Al usar la razón para analizar las enseñanzas aprendidas a través de la vida, y evaluarlas desde una perspectiva divina y genuina, es que se comienza a descubrir la verdad, pero por la verdad misma. Pues en Dios no hay mentira ni confusión.

Como seres tripartitas, somos análogos a la Trinidad de Dios: Padre, Hijo y Espíritu Santo. Somos espíritu, como Dios Padre es espíritu, tenemos una Mente, donde radica la Sabiduría, que se puede manifestar a través de la obediencia al Espíritu Santo, quien nos guía a la verdad y, por último, tenemos un cuerpo, (como Jesús que vino a la Tierra a cumplir un propósito). Asimismo, podemos manifestar en la Tierra, el propósito de Dios al hacernos carne y formarnos luego de habernos creado en la Eternidad. Al reconciliar nuestra relación con Dios a través de reconocer el sacrificio de Jesús en la cruz del calvario, le damos la oportunidad al Espíritu Santo a morar dentro de nosotros y entender que el logo de la Palabra lo podemos convertir en "rhema", al poner en acción la revelación que recibimos a través de las experiencias que nos damos la oportunidad de vivir. Como podemos ver, en nuestra sabia decisión es que comienza nuestra bendición.

Enseñanza 6
Funcionalidad de la Filosofía Rhemaismo

Esta parte explica cómo vivir el Rhemaismo hace que las promesas de la Escritura sean reales y funcionales en tu vida diaria, bendiciéndote y capacitándote para bendecir a otros.

Aunque el Rhemaismo es una filosofía de vida a nivel individual, pues al alcanzar y vivir en carne propia la verdad de las promesas y bendiciones escritas en la Biblia, el creyente comienza a descubrir su propósito. Es entonces que puede compartir esas vivencias para testificar a otros del amor de Dios y de esa manera evangelizar para llevar a otros a conocer a través del rhema, lo que dice el logo de la Palabra. Bajo esta finalidad descubrimos la dualidad de la filosofía. Lo explico: La revelación individual nos trae bendición, la cual se utiliza para bendecir a otros, sobre todo, por el deseo de obedecer las instrucciones divinas. **Dios nos bendice para bendecir** (Génesis 12:2, Lucas 12:48).

Muchos creyentes viven incrédulos y temerosos de hacer cambios drásticos en sus vidas. Muchas veces por no haber congruencia entre lo que se predica y lo que se vive. Para poder vivir en el "rhema" de la Palabra es nuestra responsabilidad escudriñar tanto la Palabra como la fuente de dicha enseñanza o interpretación. Cuando comienza a ocurrir el cambio de conciencia es cuando el creyente se "convence" por sí mismo de que lo aprendido religiosamente no es lo mismo que lo que se aprende a través de la relación personal con Dios. Esto sucede, porque las verdades que están escritas en la Biblia comienzan a ser funcionales en su vida. La funcionalidad de la Palabra en la vida del cristiano es parte del propósito por el cual el ser humano fue creado. O sea, cada creyente tiene una función que ejercer, pues cada uno tiene un llamado al cual debe responder para sentirse realizado en la vida.

Cuando el creyente escudriña, analiza, cree y pone en práctica (acción) lo aprendido, va a poder ser fuente de bendición a otros, pues la Palabra establece en Mateo 7:16, que por sus frutos los conocerás, esto es por su estilo de vida, por su carácter y sus testimonios. Se vive de acuerdo a las directrices divinas. Por lo tanto, las experiencias personales son los verdaderos agentes de cambio en la conciencia del creyente. Se debe desarrollar una mente tanto analítica como espiritual, para poder internalizar que la verdad es una y que cada experiencia con esa verdad es única y personal. Pero a su vez, se manifiesta en cada creyente el deseo de compartir con otros lo que están viviendo y experimentando. El gozo que se siente, se testifica.

Enseñanza 7

Métodos para Ayudar a otros a Descubrir su Propósito

Aquí aprenderás formas prácticas de compartir el Rhemaismo y ayudar a otros a encontrar su propósito divino, cumpliendo el llamado de hacer discípulos.

El poder hacer rhema las verdades escritas en la Palabra de Dios, es beneficioso para cada creyente, pero también puede ayudarnos a cumplir con el mandamiento que nos dejó Jesús antes de ascender al cielo. En Mateo 28:19, Jesús nos dijo "id y haced discípulos de todas las naciones, bautizándolos en el nombre del Padre, del Hijo y del Espíritu Santo." O sea, nuestro propósito en la vida, está también enfocado en el llamado a evangelizar, que no es otra cosa que llevar buenas noticias tanto a los creyentes religiosos, como a los que aún están viviendo en tinieblas pues no han tomado la decisión de reconciliarse con el Padre y descubrir las verdades de Su Palabra.

Existen varias maneras de alcanzar a otros y llevarlos a manifestar su verdadero ser y su esencia espiritual, entre éstas están las siguientes:

1. Diálogo- es a través de hablar la Palabra que se transmiten las experiencias vividas. Pero, sobre todo, al compartir los testimonios personales en la vida espiritual.

2. Rechazo del escepticismo – esto incluye no escuchar aquéllos que sin tener una experiencia personal quieran interferir y poner en duda la revelación que se ha recibido. Como explicado anteriormente, el testimonio a través de la experiencia individual y personal es una excelente herramienta para contrarrestar el escepticismo en otros.

3. El uso de la Biblia es otra herramienta importante ya que la Biblia es la mejor fuente para conocer el logo de Dios y convertirlo en "rhema". Por tal razón, se debe leer y estudiar diariamente para conocer los principios que se van a compartir a otros.

4. Sanidad Interior- es uno de los métodos más efectivos para poder transmitir a otros que sus vidas también tienen propósito. Esto sucede cuando se hacen internalizaciones y se aprende a perdonar, a perdonarnos, asimismo a amar y a amarnos, y a permitir que caigan las barreras que limitan el potencial individual. La sanidad interior ayuda a pensar mejor y alumbra nuestro camino. Y sobre todo nos ayuda a ser libres de culpas, rencores, y depresiones y entonces podemos ser testimonios reales del amor de Dios hacia el ser humano.

5. Recibir la Verdad- esto sucede cuando el creyente que practica el Rhemaismo, aprende a experimentar la autorrealización de que es un ser divino que está viviendo una experiencia terrenal. Bajo esta filosofía el creyente "sabe que sabe que sabe" que las promesas divinas son fieles y verdaderas y no tiene duda en su corazón ni en su mente de que Dios es Real y nos ama pues somos sus hijos y su máxima creación. Al tener esta convicción en nuestro espíritu

y luego en nuestra mente, podemos influenciar y motivar a otros a que se den la oportunidad de conocer los estatutos de la Palabra para que aprendan a vivir en libertad y victoria.

Enseñanza 8
Objetivo del Rhemaismo

Esta enseñanza te recuerda el objetivo principal de la filosofía: elevar tu mente a tu espíritu y vivir la verdad de la Palabra de Dios cada día.

Finalmente, se puede concluir que el objetivo principal de la filosofía "rhemaismo" es que el creyente internalice que el logo o Palabra de Dios debe ser el libro de instrucciones para su vida. Estas instrucciones son las que van a provocar cambios y esos cambios van a ocurrir en la conciencia, pero se van a manifestar en las acciones del día a día. Es la convicción espiritual de que se está viviendo en la vida natural la Verdad de Dios. Debido a que somos un espíritu que tiene una mente, existe un debate entre ambos. Y esa lucha es constante en nuestro diario vivir. Es con la revelación de la Palabra que podemos "elevarnos" al plano espiritual que es dónde radica nuestra verdadera esencia.

La mente puede ser una herramienta vital para profundizar en el rhemaismo, pues con la mente es que el ser humano tiene la capacidad de escudriñar, analizar y memorizar la Palabra de Dios. Pero es importante que no anteponga lo recibido por la mente a lo que el Espíritu Santo le dice a su corazón. Esta es la esencia de esta filosofía. Cuando el espíritu habla, cosas ocurren, vienen los cambios y las transformaciones. Es cuando se viven esas experiencias personales que hay convicción en el espíritu de que vivimos por fe y no por vista y, por lo tanto, permitimos que sea el Espíritu el que dirija nuestras vidas y no nuestras mentes. La filosofía del Rhemaismo está enfocada en que el ser humano descubra su esencia espiritual, que reconozca su linaje, que valorice su identidad y sobre todo que identifique el propósito por el cual fue creado. Esta filosofía nos puede ayudar a cambiar la conciencia de inferioridad, de culpabilidad, de menosprecio y de temores. A través del cambio de conciencia vamos a saber que somos hechos de un linaje escogido y real sacerdocio (1ra Pedro 2:9). Que nuestra mayor herencia es que estamos hechos a la imagen y semejanza de Dios y por lo tanto, tenemos la sabiduría para entender que podemos disfrutar de todas las promesas recibidas por causa del sacrificio de Jesús. Esas promesas las recibimos cuando obedecemos las instrucciones divinas. Cuando llegamos a tener ese conocimiento y convicción, es que seremos verdaderamente libres, pues dice el logo de Dios, que la Verdad nos hace libre. Esa verdad nos lleva a obedecer los mandamientos, estatutos y directrices divinas. Y por causa de esa decisión somos bendecidos, pues en la obediencia es que está la bendición (Deuteronomio 28:2; Juan 15:10).

Enseñanza 9
Advertencia O Peligro

Un recordatorio breve pero importante sobre el riesgo de quedarse solo en el conocimiento sin accionar la Palabra — y la importancia de la fe y la obediencia.

Es muy común que la gente "se convierta" y comience a escuchar la Palabra y repetir la misma, tanto por emoción o por conocimiento superficial o natural. Cuando la Palabra **no** se ha hecho "rhema" en el espíritu del creyente, o sea, no hay convicción en el espíritu de la verdad del logo de Dios, no se van a ver verdaderos resultados en la vida espiritual. Las oraciones no son contestadas porque se pide a Dios sin fe, sin certeza de que la oración llegó al trono de la gracia. Ahí es que comienzan a fluir las dudas y desilusiones en la vida espiritual pues no se ven resultados (naturalmente hablando).

Es fundamental recalcar lo que dice la Palabra en Hebreos 11:6: "sin fe es imposible agradar a Dios". Esto quiere decir que Dios quiere que tengamos una actitud de certeza en lo que Él dice, que confiemos plenamente en Su Palabra y que la internalicemos para poder ponerla por obra. En Santiago 2:17 nos explica que, si la fe no tiene obras, es muerta y aunque este versículo tiene otras interpretaciones, para propósito de esta filosofía, se infiere que es imprescindible poner acción en lo que dice el logo de Dios. En resumen, para que las promesas de Dios se hagan rhema en tu vida, no puedes dudar, pues para que haya rhema tiene que haber certeza. Y cuando hay certeza, hay seguridad, por lo tanto, hay fe y la fe nos lleva a alcanzar nuestro propósito. En esta filosofía tanto la fe y la acción son la clave para obtener la victoria, para agradar a Dios y para cumplir el propósito que tenemos de alcanzar otras vidas, para que la Palabra se haga también rhema en ellos. Ese es nuestro propósito. Dios nos bendice con sus promesas para que seamos de bendición a otros. Por eso, es fundamental en esta filosofía que no importando lo que otros piensen, opinen o crean, el creyente que vive bajo el "rhema" de la Palabra, **sabe que sabe que sabe**, que la revelación que ha recibido a través de las Escrituras son vida y verdad y por lo tanto, quiere llevar esa verdad a otros.

Enseñanza 10

Principios y Verdades Bíblicas

Esta enseñanza final te anima a descubrir, creer y vivir las verdades bíblicas centrales que se convierten en revelación personal — tu propio Rhema.

A continuación, voy a enumerar algunos principios y verdades bíblicas que "deben hacerse rhema" en nuestra vida cristiana. A través de las Escrituras, podemos identificar muchas instrucciones y verdades espirituales, pero menciono solo estas pocas, con la intención de que cada lector, se de a la tarea de descubrir sus propias verdades. (Reveladas a través del Espíritu Santo que los guía a toda verdad). Juan 16:13

1. Dios es el Creador (Genesis 1:1; Isaías 45:18-25).
2. La Biblia es la Palabra de Dios (2 da Timoteo 3:16-17).
3. La Palabra de Dios es verdad (Juan 17:15-17)
4. Jesucristo murió y resucitó para darnos vida eterna (1ra. Juan 5:11).

5. La manera de reconciliarnos con Dios es arrepintiéndonos de nuestros pecados y confesando que Jesucristo es nuestro Salvador (1 Juan 1:9).

6. Debemos congregarnos para recibir el logo de la Palabra de Dios a través de las predicaciones y estudios bíblicos (Hebreos 10:25).

7. Cuando oramos, hablamos con Dios, recibimos dirección y sentimos paz (Mateo 7:7).

8. El Espíritu Santo es real y nos convence de pecado y nos dirige en nuestro diario vivir (Juan 15:26).

9. El diezmo y la ofrenda son instrucciones de Dios, para bendecirnos en el área financiera (Malaquías 3:10).

10. Cristo llevó las enfermedades cuando su cuerpo se convirtió en una sola llaga y por ese sacrificio ya estamos curados (Isaías 53:4-5 y Mateo 8:17).

11. Cuando los creyentes oramos en acuerdo, Dios nos escucha y nos contesta, pues la oración de acuerdo puede mucho (Mateo 18:19-20).

12. Debemos terminar o cerrar las oraciones en El Nombre de Jesucristo, pues es el único Nombre que es sobre todo nombre y bajo ese nombre es que se cumplen las promesas (Juan 14:13-14).

13. Jesucristo es el único que intercede por nosotros, pues fue quien murió por nuestros pecados (Juan 2:1-6, 1ra Timoteo 2:5)

14. Dios estableció 5 ministerios: Apóstoles, Profetas, Evangelistas, Pastores y Maestros, para capacitar a los creyentes (Efesios 4:11-12) y esos ministerios están vigentes, hoy día.

15. Dios es nuestro proveedor y quien suple todas nuestras necesidades (Filipenses 4:19).

16. Tenemos ángeles que nos protegen (Salmo 91:11).
17. Vamos a resucitar (1ra Juan 11:25-26).

Te reto a que descubras por lo menos 3 versículos o verdades de la Palabra, que se pueden convertir en tu "rhema", pues son tu revelación.

Aplicando lo aprendido en este libro, puedes tener tu experiencia divina, identificarte no sólo como criatura hecha por Dios, sino como su hijo y heredero de todas sus promesas.

Créelo, recíbelas y compártelas.

Dios es tu Padre, te ama y te bendice para que bendigas a otros.

Devocional

Día 1: El poder del Rhema

Escritura: "No sólo de pan vivirá el hombre, sino de toda palabra que sale de la boca de Dios". (Mateo 4:4)

Reflexión: La Palabra de Dios está viva y activa, pero se vuelve verdaderamente transformadora cuando pasamos de simplemente conocerla (logos) a vivirla (rhema). Muchos creyentes leen la Biblia pero les cuesta experimentar su poder en su vida diaria. Esto se debe a que la Palabra debe pasar del conocimiento de la mente a la revelación del corazón: debe aplicarse. Jesús entendió esto cuando respondió a las tentaciones del enemigo en el desierto. No sólo conocía las Escrituras, sino que las vivía. Cuando abrazamos el Rhema, pasamos de leer acerca de las promesas de Dios a caminar en ellas. Hoy, pregúntate: ¿Estoy leyendo la Palabra o la estoy viviendo?

Aplicación:

- Medita en Mateo 4:4. Pídele a Dios que te revele un área en tu vida donde Él quiere que Su Palabra se convierta en Rhema.
- Escoge una escritura que hable de tu situación actual. Escríbela y declárala en voz alta.
- A lo largo del día, busca maneras de aplicar activamente lo que Dios te ha mostrado.

Oración:

Padre, no quiero simplemente conocer Tu Palabra, quiero vivirla. Enséñame a pasar de la información a la transformación. Haz que Tu Palabra se convierta en una fuerza que guíe mi vida, llevándome a caminar en fe y obediencia. Hoy, abro mi corazón para recibir nueva revelación de ti. En el Nombre de Jesús, Amén.

Devocional

Día 2: Escuchar la voz de Dios

Escritura: "Mis ovejas oyen mi voz, y yo las conozco, y me siguen". (Juan 10:27)

Reflexión: Una de las mayores bendiciones de caminar con Dios es la capacidad de escuchar Su voz. Sin embargo, muchos creyentes tienen dificultad en reconocer cuando Dios está hablando. A veces esperamos una voz estruendosa del cielo, pero más a menudo, Dios habla en un susurro suave, a través de Su Palabra, de las circunstancias y en nuestros espíritus.

Jesús nos dice que sus ovejas oyen su voz. Esta escritura significa que oír a Dios no está reservado para unos pocos; es para todos los que le pertenecen.

La clave está en aprender a escuchar. A menudo, nuestros propios pensamientos, dudas y distracciones ahogan Su voz. Pero cuando aquietamos nuestras mentes y alineamos nuestros corazones con el Suyo, empezamos a reconocer la palabra rhema que nos está hablando. Escuchar a Dios requiere escuchar intencionalmente. Él habla a través de Su Palabra (logos), pero cuando una escritura se aplica directamente a tu vida, se convierte en rhema. Es entonces cuando la Palabra se transforma de algo que lees a algo que experimentas.

Aplicación:

- Reserva hoy cinco minutos de silencio. Pídele a Dios que te hable y simplemente escucha.
- Lee despacio Juan 10:27. Reflexiona sobre lo que significa personalmente para ti.
- Anota cualquier cosa que te llame la atención: una palabra, una escritura o un sentimiento en tu espíritu.

Oración:

Padre, deseo escuchar Tu voz con claridad. Elimina distracciones de mi corazón y de mi mente para que pueda reconocer cuando Tú hablas. Haz que Tu Palabra cobre vida en mí, guiándome en cada paso que doy. Te entrego mis pensamientos y confío en que Tú hablarás de la manera que necesito escuchar. En el Nombre de Jesús, Amén.

Devocional

Día 3: Alinear tu Mente con tu Espíritu

Escritura: "No os conforméis a este mundo, sino transformaos por la renovación de vuestra mente". (Romanos 12:2)

Reflexión: Muchos de nosotros vivimos atrapados en nuestras propias mentes que están llenas de duda, miedo, y pensamientos negativos que contradicen lo que Dios dice sobre nosotros. La batalla es entre nuestra mente y nuestro espíritu, que es el real, pero muy a menudo, nuestras mentes ganan, impidiéndonos caminar en la plenitud de nuestra fe.

Dios nos llama a ser transformados por la renovación de nuestra mente. Esto significa reemplazar las viejas creencias limitantes por la verdad de la Palabra. Cuando nuestras mentes se alinean con nuestros espíritus que ya están conectados con Dios, experimentamos un gran avance. Rhema no se trata sólo de conocer las Escrituras; se trata de entrenar tu mente para que esté de acuerdo con tu espíritu, que ya está en sintonía con la Voluntad de Dios.

El mundo tratará de moldear tu pensamiento, haciéndote sentir indigno, temeroso o inseguro. Pero cuando intencionalmente alineas tus pensamientos con la verdad de Dios, tu fe crecerá y empezarás a vivir la vida rhema, comenzando a manifestar plenamente lo que Dios ya ha hablado sobre ti.

Aplicación:

- Identifica una creencia limitante que no esté alineada con la verdad de Dios. (por ejemplo, "No soy lo suficientemente bueno").
- Encuentra una escritura que contradiga esa creencia (por ejemplo, Romanos 8:37: "En todas estas cosas somos más que vencedores").
- Decláralo en voz alta y repítela a lo largo del día.

Oración:

Señor, te entrego mis pensamientos. Elijo renovar mi mente con Tu Verdad en lugar de que sean moldeada por el mundo. Alinea mi pensamiento con mi espíritu, para que pueda caminar con valentía en el propósito que Tú tienes para mí. Deja que Tu Palabra eche raíces en mi mente, transformándome de adentro hacia afuera. En el Nombre de Jesús, Amén.

Día 4: Dios tiene un Propósito en tu Vida

Escritura: "Pues somos hechura suya, creados en Cristo Jesús para buenas obras, las cuales Dios preparó de antemano para que anduviéramos en ellas". (Efesios 2:10)

Reflexión: Es necesario saber que Dios da sentido a nuestras vidas a través de Su Propósito en nosotros. Somos seres únicos con dones y talentos que Él ha puesto en cada uno para glorificarse. Cuando hacemos buenas obras, estamos en obediencia y agradamos a Dios. Esa es la manera de alcanzar nuestro propósito de vida. Hay interacción entre obediencia y propósito y es en el libre albedrío donde se identifica la libertad de conciencia y poder.

Aplicación:

- Analiza que dones y talentos Dios te ha regalado.
- Medita en cómo puedes usar tus dones y talentos para crecer y alcanzar tu propósito en la vida.
- Lee Efesios 2:10, piensa en las obras que puedes hacer en este día, que te conecten con la Voluntad de Dios en tu vida.

Oración:

Padre, vengo ante tu presencia dándote gracias por los dones y talentos que me has dado. Te pido que me guíes para vivir de

Rhemaismo

acuerdo a tu Voluntad. Sé tú abriéndome puertas para poder manifestar mis dones y pon un corazón sensible a tu Voz para actuar en fe y ser un instrumento de bendición en las vidas de otros, hasta alcanzar tu Propósito en mi vida. En el Nombre de Jesús, Amén.

Devocional

Día 5: Conexión entre Relación y Revelación

Escritura: "El que tiene mis mandamientos y los guarda, ese es el que me ama, y el que me ama, será amado por mi Padre, y yo le amaré y me manifestaré a él." (Juan 14:21)

Reflexión: Cuando tenemos relación con Jesús, nos conectamos a la Palabra y vivimos obedeciendo lo que está escrito en ella. De esa manera es que recibimos revelación y dirección divina para hacer lo que Dios espera de sus hijos y a su vez le demostramos nuestro amor y deseo de agradarlo.

Aplicación:

- Pide dirección al Espíritu Santo, para que te revele que áreas debes someterte para mejorar tu relación con Jesús.
- Medita de qué manera sientes que Dios se está manifestando en tu vida.
- Que nueva revelación has recibido en este día que entiendes te ayuda a mejorar tu relación con Dios.

Oración:

Amantísimo Dios, gracias por la revelación de tu Palabra a mi vida. Declaro que a través de lo escrito en la Biblia aprendo día a día más de tu amor y misericordia. Es en nuestra relación diaria que deseo hacer lo que me pides, pues por medio del Espíritu

Santo, me guías a toda tu Verdad. Te amo, pero Tú me amaste primero y quiero permanecer en ti el resto de mis días. En el Nombre de Jesús, Amén.

Día 6: La Sabiduría es un Regalo del Espíritu Santo

Escritura: "Y si alguno de vosotros, está falto de sabiduría, pídala al Señor, el cual da a todos abundantemente y sin reproche, y le será dada". (Santiago 1:5)

Reflexión: La Palabra describe a la sabiduría divina como: discernimiento, buen juicio y la aplicación práctica del conocimiento adquirido. La Sabiduría de Dios es pura, pacífica, amable, benigna, misericordiosa, que da buenos frutos y es sin incertidumbre ni hipocresía. Esa es la sabiduría que Dios nos ofrece para que aprendamos a vivir nuestra vida en completa sujeción a Él, pues a través de la sabiduría divina nuestras vidas son transformadas. Si pedimos sabiduría, la recibimos como un regalo de Dios y a través de ella podemos discernir los desafíos de la vida y nos capacita para hacer la Voluntad del Padre.

Aplicación:

- Estudia 1ra Reyes 3:9, Proverbios 2:6 y Mateo 7:24 y aplica lo revelado.
- Evalúa ¿por qué crees que es mejor la sabiduría divina que la inteligencia?
- Compara y relaciona, Proverbios 9:10 y Eclesiastés 2:13

Oración:

Espíritu Santo, vengo ante tu presencia a pedir tu sabiduría. Escrito está, qué si te pedimos sabiduría, tú nos das más abundantemente de lo que pedimos. Por eso, vengo ante ti confiando en que tú me das el discernimiento para tomar las decisiones correctas y así crecer cada día en mi relación contigo. Te pido que transformes mis pensamientos y día a día aprenda a guardar tus mandamientos que son los que dirigen mi vida. En el Nombre de Jesús, Amén.

Día 7: La Imagen de Dios en el Hombre

Escritura: Luego dijo Dios: "Hagamos al ser humano a nuestra imagen y semejanza. Que tenga dominio sobre los peces del mar y sobre las aves del cielo; sobre los animales domésticos, sobre los animales salvajes y sobre todos los animales que se arrastran por el suelo". Y Dios creó al ser humano a su imagen; lo creó a imagen de Dios; hombre y mujer los creó. (Génesis 1:26-27)

Reflexión: Debido a que el ser humano fue hecho a imagen y semejanza de Dios, somos seres tripartitas. Esto significa qué, así como Dios es trino, Padre, Hijo y Espíritu Santo, el hombre es un espíritu, que tiene una mente (alma) y vive en un cuerpo. Esa semejanza hace que nos parezcamos a Dios y por lo tanto podamos tener comunión con Él. Esa imagen fue dañada por el pecado de Adán, pero también fue restaurada por el sacrificio de Jesús. Por medio de Cristo, somos hechos nuevas criaturas y podemos elevar nuestra mente a nuestro espíritu, y manifestar su ADN en nuestras vidas. Si Dios es espíritu y fuimos hechos a su Imagen es en nuestro espíritu donde está nuestro verdadero ser.

Aplicación:

- ¿Qué significa "subir tu mente a tu espíritu?
- Explica cómo puedes "subir tu mente a tu espíritu".
- Medita sobre una nueva revelación que has recibido por el cambio de conciencia.

Oración:

Padre, te damos gracias por que día a día aprendemos a ser imitadores tuyos, para dar testimonio de que fuimos hechos con ciertos atributos que nos acercan más a ti. Te pedimos que nos ayudes a que estemos atentos a tu Voz, para hacer introspecciones y comenzar a repensar nuestros pensamientos y enseñanzas incorrectas y así transformar nuestra mente para que se manifiesten en nosotros, mejores acciones hacia nuestro prójimo y podamos reflejar tu divinidad en nuestro diario vivir y mantener nuestra relación contigo al convertimos en mejores seres humanos. Oramos, en el Nombre de Jesús. Amén.

Devocional

Día 8: La Oración Efectiva

Escritura: "La oración eficaz del justo puede mucho.". (Santiago 5:16)

Reflexión: A través de la oración se busca tener conexión con Dios, para conocer cuál es Su Voluntad para nuestras vidas. Para orar eficazmente, debemos conocer la Palabra y más aún conocer los atributos del Padre. Dios no nos pide oraciones elocuentes, pero sí que tengamos un corazón puro y limpio de pecados para poder acercarnos al trono de su gracia. Es medular que comprendas que el Nombre en el que Dios responde las oraciones es en el Nombre de Jesús, y no hay otro nombre.

Aplicación:

- Escoge, escribe y medita en otra escritura que hable sobre la oración.
- Analiza que cambios debes hacer para tener una nueva manera de orar y comienza a aplicar lo aprendido para tener oraciones efectivas.
- En oración, exprésale a Dios que quieres vivir bajo Su Voluntad y seguir creciendo en la Palabra.

Oración:

Dios, vengo ante ti, para que me enseñes a orar. No quiero hacer vanas repeticiones, sino adorarte antes de pedirte nada. Tu eres mi Señor, y conoces todas mis necesidades, y sé qué si vengo a ti con fe y con acción de gracias, mis peticiones son concedidas porque Tú me quieres bendecir. Gracias, porque día a día aprendo a tener mejor comunión contigo y recibo revelación nueva cada día. Y te entrego esta oración sabiendo que ya fue contestada y tengo nuevas experiencias en mi intimidad contigo, en el Nombre de Jesús. Amén.

Devocional

Día 9: Entrenamiento Espiritual

Escritura: "Toda la Escritura es inspirada por Dios, y útil para enseñar, para redargüir, para corregir, para instruir en justicia, a fin de que el hombre de Dios sea perfecto, enteramente preparado para toda buena obra". (2da Timoteo 3:16-17)

Reflexión: Este versículo se relaciona con un proceso identificado como Katartisis que se define como la preparación espiritual a través de las enseñanzas bíblicas para que el creyente se capacite en su vida de fe, cambie su conciencia y dirija a otros a madurar en Cristo.

Esta disposición de ayuda mutua entre los creyentes, estimula a profundizar en las Escrituras y reflexionar sobre la importancia de crecer en la vida espiritual individual y dentro de la comunidad de fe.

Aplicación:

- Memorice la escritura 2da Timoteo 3:16-17
- Identifica a alguna persona madura dentro de tu comunidad de fe con la cual puedas discutir tus dudas y preocupaciones y qué además, puedas recibir orientación, corrección y capacitación en tu vida espiritual.
- Ora al Señor para que te revele en que área de tu vida cristiana debes madurar.

Oración:

Amantísimo Dios, me humillo ante tu presencia, reconociendo que tú tienes planes con mi vida y que el deseo de tu corazón, es que me rinda a ti. Vengo en obediencia a Tu Palabra, pidiéndote dirección para que me reveles en que áreas debo crecer espiritualmente, para no ser piedra de tropiezo a ninguno de tus hijos. Quiero rendirme a Tu Voluntad, restaurar mi vida, para poder ser un buen emisario de tu Palabra a través de la preparación personal y la interacción con otros hermanos. Vengo ante ti, creyendo que tú me guías. En el Nombre Poderoso de Jesús, Amén.

Devocional

Día 10: La Funcionalidad del Rhema

Escritura: "Y haré de ti una nación grande, y te bendeciré, y engrandeceré tu nombre, y serás bendición." (Génesis 12:2)

Reflexión: Al poner en acción el logo de la Palabra, se tienen vivencias que ayudan a confirmar la verdad de las promesas de las Escrituras. Esa revelación personal del rhema de la Palabra nos trae bendición y a su vez bendecimos a otros al testificar del poder de Dios. Las experiencias vividas nos convencen de la diferencia de vivir religiosamente y de vivir en una relación personal con Dios. Cuando comenzamos a escudriñar la Palabra, cambia nuestra conciencia y nuestro estilo de vida y podemos ser testimonios a la vida de otros.

Día a día, crecemos en el conocimiento de la Palabra y sabemos que nuestro estilo de vida sigue manifestando el poder de Dios. No nos cansamos de darle la gloria, pues es quien merece toda la adoración ya que puso en nosotros tanto el querer como el hacer.

Aplicación:

- Identifica en que área de tu vida has sido bendecido.
- Reflexiona sobre alguna creencia limitante que tenías antes de recibir la revelación personal sobre la verdad de la Palabra sobre dicha creencia. ¿Cómo fue el cambio de conciencia?

- Lee Génesis 12:2 y su contexto y medita sobre por qué la obediencia precede a la bendición.

Oración:

Jesús, gracias por la revelación de que en la obediencia hay bendición. Te pido que día a día me bendigas con el conocimiento de tu Palabra. Ayúdame a tener un corazón humilde y dispuesto a obedecerte en todas las áreas de mi vida. Declaro que comienzo a vivir bajo tus directrices divinas y puedo ser agente de cambio en los que me rodean para que se cumpla tu propósito en mí. Tú me has bendecido para que de la misma manera yo sea de bendición a otros. Y lo declaro hecho en el Nombre de Jesús. Amén.

Día 11: Ayudando a Otros a Descubrir su Propósito

Escritura: "Id y haced discípulos de todas las naciones, bautizándolos en el Nombre del Padre, del Hijo y del Espíritu Santo". (Mateo 28:19)

Reflexión: Ayudando a otros a descubrir su llamado es una manera de evangelizar y por lo tanto, de cumplir el llamado de Dios a nuestras vidas. La mejor manera de hacer discípulos es siendo primero discípulos. Esta asignación Dios nos la ha delegado, y podemos cumplirla al orar, leer y meditar en las Escrituras, para luego dialogar y compartir la revelación recibida. La religiosidad no permite crecer en relación, pero cuando no se tiene duda de que lo que nos dice la Biblia es la Verdad, aumenta nuestra fe y somos libres de ataduras emocionales y sentidos de culpa y así ayudamos a otros a saber que Dios nos creó con un Propósito y si somos obedientes a esa asignación vamos a ser bendecidos.

La vida es una escuela, que nos presenta enseñanzas y desafíos diariamente. Podemos subir los peldaños en nuestro ascenso espiritual, cuando nos sometemos a lo que recibimos a través del Espíritu Santo y somos humildes aún en nuestro crecimiento, pues reconocemos que todo proviene del Padre, y que gracias a su Hijo Jesús es que podemos alcanzar nuestro máximo galardón, pues es parte de su gloriosa Voluntad, el que seamos libres en Cristo Jesús y podamos libertar a otros.

Aplicación:

- Medita y ora sobre la necesidad de compartir la Palabra tanto con creyentes religiosos como con personas que nunca han recibido a Jesús como su Salvador.
- ¿Crees que Jesús fue discípulo? Medita sobre tu contestación y pide al Espíritu Santo que te ilumine como puedes imitar al Maestro.
- Internaliza lo que está escrito en Mateo 28:19 y pide dirección al Espíritu Santo para que te revele a quien tienes que discipular en este tiempo.

Oración:

Espíritu de Dios, te alabo y glorifico y te doy gracias por que me has revelado que tengo un propósito en la vida. Internalicé que el deseo de tu corazón es que tengamos intimidad y por eso día a día me iluminas para que pueda mantenerme firme en mi relación personal contigo. Es un privilegio el que consideres que puedo representarte en la Tierra y me comprometo a seguir creciendo en Tu Verdad para ser fuente de bendición a otros. Mi anhelo ferviente es poder identificar a los que andan sin rumbo por la vida y que pueda ministrarles en Amor y ayudarlos a que te conozcan y vivan experiencias sobrenaturales hasta llegar a conocerte como lo que eres, un Padre Amoroso y Real. Lo declaro hecho, en el Poderoso Nombre de Jesús. Amén.

Día 12: Instrucciones Divinas

Escritura: "Acontecerá qué si oyeres atentamente la voz de Jehová tu Dios, para guardar y poner por obra todos sus mandamientos que yo te prescribo hoy, también Jehová tu Dios te exaltará sobre todas las naciones de la tierra". (Deuteronomio 28:1)

Reflexión: La Palabra de Dios es la guía de nuestro camino espiritual. La Palabra es la que nos instruye, nos corrige y nos permite cambiar nuestras conciencias de pecado y maldad. Cuando sentimos que Dios nos habla a través de la oración, la lectura de la Palabra y las predicaciones, debemos tener un corazón dispuesto a escucharle y obedecerle. Su Voz nos dirige a conocer Su Voluntad y nos revela Su Amor. Es importante estar receptivos a escuchar esa Voz en cualquier circunstancia de nuestra vida, y seguir sus instrucciones para ser completamente libres y bendecidos.

Muchos hombres y mujeres de la Biblia, fueron obedientes a las instrucciones divinas y recibieron todo lo que Dios les prometió, pero los que tomaron la decisión de desobedecerle fueron separados de su presencia y sus vidas terminaron en maldición. Es en la obediencia que está la bendición y está en el creyente decidir si vive bajo la convicción de lo que le ha sido revelado a través de la Palabra y su relación íntima con Dios.

Aplicación:

- Comparte que instrucción divina (si alguna) has recibido durante tu tiempo de oración.
- De qué manera Dios te puede hablar. ¿Has escuchado la Voz de Dios?
- En Deuteronomio 28:1, Dios dio unas instrucciones específicas, lee, escribe y medita sobre que bendiciones puedes recibir si obedeces la Palabra.

Oración:

Padre, vengo en obediencia ante ti, pidiéndote dirección divina en mi vida. El deseo de mi corazón es obedecerte y que cada día crezca en mi la fe para seguir las instrucciones que me revelas a través de lo que dice tu Palabra. Yo sé que tú eres real y que quieres bendecirme. Tu amor es incondicional y tu misericordia me acompaña en todo momento. Esa verdad la recibo en mi corazón y se manifiesta en mi vida porque tú me exaltas mientras yo me mantenga en obediencia. Sigue dirigiéndome para que se fortalezca nuestra relación y no permitas que ninguna circunstancia me aparte de esta hermosa experiencia que estoy viviendo y que alegra mi corazón todos los días. Te pido que tu presencia esté conmigo en todo tiempo. Yo te presento esta oración sabiendo que tu respondes, en el Nombre de Jesús. Amén.

Día 13: La bendición de la Sanidad Divina

Escritura: ...para que se cumpliese lo dicho por el profeta Isaías, cuando dijo: "Él mismo tomó nuestras enfermedades, y llevó nuestras dolencias." (Mateo 8:17)

Reflexión: Si estás enfermo, ora al Padre, para que recibas tu sanidad. La sanidad divina es una promesa que está escrita en la Palabra y que recibimos por medio del sacrifico de Cristo en la Cruz del Calvario. La fe y la oración son imprescindibles cuando se espera un milagro. Esta es una de las verdades que tienen que hacerse realidad en la vida del creyente. Si la Palabra establece que Cristo llevó las enfermedades y las dolencias, no tenemos por qué estar enfermos. Solamente hay que creer, pedir y agradecer. La enfermedad, no viene como un castigo, pero en muchas ocasiones se presentan por la falta de sabiduría y de responsabilidad al manejar nuestros cuerpos y mentes. La enfermedad es una mentira y no debemos aceptarla en los cuerpos, porque el sacrificio de Jesús no fue en vano. Esa verdad tenemos que hacerla parte de nuestras creencias y cancelar toda manifestación que se quiera presentar. Tenemos que aprender a vivir en sanidad divina.

Aplicación:

- Busca en la concordancia de tu Biblia las escrituras que hablan de sanidad. Medita en ellas.
- Memoriza Isaías 53:4-5 y Mateo 8:17

- Declara sobre tu cuerpo la manifestación de la sanidad divina y dale gracias a Jesús por ofrecerse como sacrificio vivo.

Oración:

Jehová Rapha, vengo ante tu presencia, declarando las escrituras de Isaías 53:4-5 y Mateo 8:17, las cuales establecen qué por tu llaga, fuimos sanados. Esas escrituras laten en mi ser, porque tu Palabra es la Verdad y no es vana palabrería. Recibo sanidad en mi cuerpo y en mi mente y seré testimonio de un milagro viviente por causa de que te creo a ti y a tu Palabra y no hay plaga que toque mi morada. Tu eres fiel y verdadero y mi alma te alaba y te bendice por tus misericordias. Te agradezco porque puedo venir ante ti y Tú me escuchas cuando te clamo. Yo sé que tu Palabra no retorna atrás vacía, sino que hace aquello por la cual la hemos declarado. Tu Sanidad divina se manifiesta en todo aquel que en este momento necesite un milagro en su cuerpo y con esta oración los pongo en la brecha. Oro en tu precioso nombre, el Nombre de Jesús. Amén.

Devocional

Día 14: El Poder de la Oración de Acuerdo

Escritura: "Porque donde dos o tres se reúnen en mi nombre, allí estoy yo en medio de ellos". (Mateo 18:20)

Reflexión: La oración de acuerdo dice la Palabra que puede mucho. ¿Qué significa esa aseveración? Esta aseveración puede tener dos vertientes. La Palabra claramente expresa qué si dos o tres se reúnen para orar en el nombre de Jesús, Él está en medio de ellos, escuchando y presto para actuar según la fe manifestada. Por otro lado, la oración de acuerdo se puede inferir que es cuando se ora de acuerdo a lo que está escrito en la Palabra, o sea una oración de acuerdo con Dios. Esa oración va directa al Padre y también, puede mucho. Esta es una de las verdades que debemos recibir en nuestro espíritu y no tener duda de que cuando oramos, el mismo Dios está atento a lo que pedimos y presto para contestar nuestras peticiones.

En la oración de acuerdo, tanto con otros creyentes, como con la misma Palabra, Dios es glorificado por la fe que sobrepasa todo entendimiento. Sin fe es imposible agradar a Dios, pero con un granito de fe, se pueden mover montañas. La fe, remueve la incredulidad y da paso a una vida de milagros y manifestaciones del Poder de lo alto. Dios nos dice: "pruébame en esto", y ese reto se puede aplicar en cualquier área de nuestras vidas. ¿Te atreves a probarlo?

Aplicación:

- Medita sobre las dos vertientes de la oración de acuerdo. ¿Entiendes la explicación? Comparte tu análisis.
- Analiza la relación entre la expresión "sabes que sabes que sabes y la definición de fe.
- Si tienes alguna petición especial en este momento, inclina tu rostro y preséntala al Señor y "pruébalo en eso".

Oración:

Señor, creo en lo que me has hablado a través de tu Palabra. Siento en mi corazón que estás atento a mi oración y que la misma es contestada porque tu palabra dice que la oración de acuerdo puede mucho. Por eso creo, que como estoy de acuerdo con lo que tu dijiste en las Escrituras, ya mi oración llegó al reino de tu gracia y fue contestada. Te alabo por que puedo confiar en la Verdad de lo que tú has declarado y que yo he creído. Recibo la contestación a mi petición y declaro que recibo tu bendición pues he orado en el único Nombre que respondes, el Nombre de Jesús. Amen.

Día 15: Vivir en Victoria

Escritura: "Porque todo lo que es nacido de Dios vence al mundo; y esta es la victoria que ha vencido al mundo: nuestra fe". (1ra Juan 5:4)

Reflexión: Una de las promesas que tenemos que recibir, creer y manifestar es que cuando recibimos a Jesucristo como nuestro Salvador, comenzamos a vivir ciertas experiencias que nos ofrecen la oportunidad de vencer al mundo y vivir en victoria. Pero, según la escritura de referencia, ¿cuál es el arma que tenemos que usar para vencer las dificultades de la vida y alcanzar la victoria? La Palabra establece que esa arma es: la fe. La definición de fe es la siguiente: "Fe es la certeza de lo que se espera y la convicción de lo que no se ve". O sea, para poder alcanzar la victoria ante los retos que se nos presenten en nuestras vidas, tenemos que esperar y convencernos que, aunque por un momento, no veamos resultados favorables, al final tendremos la victoria que esperamos si aprendemos a confiar en lo que dicen las Escrituras y esperar. Ese tiempo de espera, es el examen que tenemos que aprobar.

Aplicación:

- Identifica en que áreas de tu vida se te hace más difícil vivir en victoria. ¿Qué puedes hacer para que se cumpla la promesa de Dios de que puedes vivir en victoria?
- Medita en el versículo 1ra Juan 5:4

- Busca una escritura que fortalezca la promesa de Dios en 1ra de Juan 5:4 y declárala durante el día.

Oración:

Padre, gracias por tu victoria. La victoria que me has prometido ante cualquier adversidad en la vida. Tu Palabra dice que puedo alcanzar esa victoria creyendo Tu Palabra y también me enseñas que puedo mover cualquier dificultad si tengo fe, aunque sea como un grano de mostaza. Me comprometo a aprender más de ti, a conocer tus promesas, a hacerlas parte de mi vida y confiar en qué si Tú lo prometiste, Tú lo haces. Y así lo declaro, en el Poderoso Nombre que me da la victoria, el Nombre de Jesús, Amen.

Día 16: Santificados en Cristo

Escritura: "Antes que te formase en el vientre te conocí, y antes que nacieses te santifiqué, te di por profeta a las naciones". (Jeremías 1:5)

Reflexión: Descubrir que estuvimos en la Mente de Dios desde la eternidad nos da convicción de Su Amor eterno. Internalizar en nuestro espíritu que Dios siempre nos tuvo en su Corazón y luego nos guardó en la Palma de su Mano, para formarnos perfectos antes de traernos al mundo, nos revela la magnificencia de su Propósito en la vida de sus hijos. Fuimos diseñados en Su Mente, para tener intimidad y comunión durante nuestra trayectoria terrenal, y de esta manera seguir sus instrucciones reveladas a nuestro espíritu y conquistadas en nuestra conciencia.

La intimidad con Dios, promueve una conciencia moral y un deseo genuino de amarlo, obedecerlo y reconocerlo como el Creador de nuestro destino. A través de la revelación de Su Realidad, es que nos enfocamos en ser imitadores de su Naturaleza divina. Y no solo imitadores, sino hacedores de Su Voluntad, a través de la elección de "ganar la vida eterna".

Aplicación:

- Asocia a Jeremías 1:5 con Efesios 4:13
- Compara la herencia genética y la herencia espiritual.

- De acuerdo a Jeremías 1:5, ¿qué significa haber sido santificado?

Oración:

Padre, Hijo y Espíritu Santo, gracias. Te agradezco tu plan divino. Ayúdame a mantenerme en intimidad con tu esencia, para recibir tus instrucciones divinas y seguir creciendo en ti. Sé que me formaste al ponerme en el vientre de mi madre, que me santificaste, al hacerme a tu imagen y que pensaste en un plan eterno para qué a través de tu dirección, comenzara a expandir tu Palabra. Es un privilegio poder ser fuente de bendición, para que otros conozcan tu Amor y cambien el rumbo de sus vidas, al conocer tu Naturaleza y tu Plan Eterno. Gracias Jesús, por apartarme para ti. En tu hermoso Nombre he orado. Amén.

Devocional

Día 17: ¿Quién contra ti?

Escritura: "Si Dios es por nosotros, ¿quién contra nosotros?" (Romanos 8:31)

Reflexión: El despertar cada mañana puede que sea una incógnita para muchas personas. La incertidumbre y la ansiedad de lo que pueda deparar el destino, ocasionan frustración y angustia y peor aún, mucho miedo. Esta manera de vivir la vida, es consecuencia de no conocer la promesa de Dios de que estará a nuestro lado en todo tiempo. Esta promesa incluye protección en todo lugar y provisión ante toda necesidad.

Aplicación:

- Haz introspección si alguna vez has sentido la presencia de Dios en tu vida y escribe esa experiencia.
- Piensa en alguna situación de escasez, y trae a memoria si te llegó alguna provisión que cubrió tu necesidad. Comparte con alguien.
- En Romanos 8:31, dice "que Dios es por ti", profundiza en esa aseveración.

Oración:

Querido Dios, que bueno es confiar en ti y en el poder de tu presencia. Tú me has dicho, que vas a estar conmigo en los momentos de incertidumbre y que venga en confianza al trono de tu gracia a presentar mis peticiones y confiar en tu provisión. Me agarro de esa promesa y vengo confiadamente a ti, para presentarte este día, creyendo y declarando que ninguna arma forjada se puede levantar contra mí, porque tú eres mi protector y mi proveedor.

Yo te doy gracias porque tú nunca llegas tarde y porque para ti no hay nada imposible. En esa promesa es que estoy confiando, pues la he hecho parte de mí, creyendo que cuando vengo a tu presencia, me escuchas y me respondes. Así lo creo, en el Poderoso Nombre de Jesús, Amén.

Día 18: Decide Perdonar

Escritura: "Soportándoos unos a otros, y perdonándoos unos a otros si alguno tuviere queja contra otro. De la manera que Cristo os perdonó, así también hacedlo vosotros". (Colosenses 3:13)

Reflexión: Uno de los mayores retos que enfrenta el ser humano, es decidir perdonar. La falta de perdón es consecuencia de un exceso de coraje. Al recordar el momento de la ofensa, van a florecer pensamientos que conducen a emociones de ira, frustración y resentimiento. Estas emociones a su vez producen tensión, dolor y ansiedad y hasta odio. Sentimientos que no deben atesorarse en el corazón de un creyente. Si analizamos estos sentimientos, nos podemos percatar que estamos atados emocionalmente a la persona que nos hizo daño, pero peor aún, nos estamos haciendo daño nosotros mismos. ¿Has pensado en esta consecuencia?

Aplicación:

- Si sientes que no puedes perdonar a alguien que te ha hecho daño, ¿qué consecuencias puede traer a tu vida, la falta de perdón? Evalúa si es estás actuando con sabiduría al mantenerte en la cárcel del rencor.
- Explica el significado del refrán "errar es de humanos, perdonar es divino".

- Según Colosenses 3:13, que instrucciones nos da Dios. ¿Tienes que perdonar a alguien? ¿Qué has decidido hacer? Ora.

Oración:

Padre Eterno, gracias por que me perdonaste todos mis pecados. Te presento mi corazón y mi mente, y cancelo todo remordimiento y falta de perdón a los que me han lastimado y ofendido. He decidido perdonar y a la vez pedir perdón por mantener a mis ofensores atados a mi coraje y frustración. Los declaro libres y también recibo liberación de la cárcel del rencor al ser obediente a tu Palabra. Lo declaro hecho, en el Nombre de Jesús. Amén.

Devocional

Día 19: Oír dos Veces

Escritura: "Así que la fe es por el oír, y el oír, por la palabra de Dios". (Romanos 10:17)

Reflexión: Aprendemos de Dios y Sus Planes con el ser humano a través de la lectura y de escuchar su Palabra. Por medio de nuestra conexión espiritual es que crecemos en nuestra vida cristiana. El versículo de referencia nos instruye en cómo desarrollar la fe. Nos dice que la fe es por el oír y el oír la Palabra de Dios. El primer oír se refiere a "leer, escribir y escuchar la palabra" que significa tener contacto con el logo. Pero, el segundo oír, nos instruye a estudiar el logo, meditar en su significado e internalizarlo en nuestro ser o, hacerlo rhema.

Aplicación:

- Medita en Romanos 10:17. Compara esta instrucción con Hechos 9:3-9. Evalúa ambas escrituras desde la perspectiva de la determinación y el tiempo de Dios.
- Entiendes que el tiempo de Dios, ¿puede estar relacionado con tu fe? Explica.
- Pídele en oración al Padre, que te revele que creencias tienes que repensar para alinearlas a la Palabra.

Oración:

Amantísimo Padre, recibo tus instrucciones divinas y te pido que me ayudes a mantenerme obediente a la revelación. Cualquier creencia incorrecta que haya limitado mi potencial en Ti, te pido que me des la sabiduría para evaluar su fundamento y poder hacer cambios donde prevalezca Tu Verdad. He decidido creerte a Ti, poner mi mente en orden y ser susceptible a tu Voz para hacer los cambios necesarios pues en Tu Palabra hay liberación. Me declaro libre de toda enseñanza incorrecta o limitante, en el Nombre de Jesús.

Devocional

Día 20: Libre Albedrío

Escritura: "El corazón del hombre hace su camino, pero el Señor establece sus pasos". (Proverbios 16.9)

Reflexión: El libre albedrío está relacionado con el hecho de tomar decisiones. Muchos filósofos han argumentado en favor y en contra del libre albedrio bíblico. La revelación de rhema, trae luz al plan original del Padre en relación a la toma de decisiones del ser humano. Dios creó al hombre para tener relación con él y a través de esa relación, revelarle el Propósito para sus vidas. O sea, ya Dios ha establecido unos pasos para que el hombre ponga en su corazón a seguir ese camino. Aunque Dios ya tiene un plan establecido y habla al corazón del hombre, no es hasta que éste entra en esa comunión que comienza a tener las experiencias divinas. Es entonces, que en su libre albedrío decide vivir en obediencia y se comienza a manifestar el propósito eterno que estaba en la Mente de Dios.

Aplicación:

- Medita y trae a memoria el día que "decidiste entregar tu vida al Señor". ¿Qué cambios has experimentado en tu diario vivir?
- ¿Qué influencia tuvo en ti, escudriñar las Escrituras?

- Leyendo Proverbios 16:9, crees que hay relación entre el libre albedrío y la sabiduría divina? Medita sobre esa revelación.

Oración:

Espíritu Santo de Dios, gracias por tu Sabiduría, la cual me ha guiado a seguir tus pasos, hasta encontrar mi camino de acuerdo a tu Voluntad. En el Nombre de Jesús, así lo creo. Amén.

Devocional

Día 21: Venciendo el Escepticismo

Escritura: "Tened cuidado hermanos, no sea que en alguno de vosotros haya un corazón malo de incredulidad, para apartarse del Dios vivo". (Hebreos 3:12)

Reflexión: La duda es el peor enemigo que puede tener un ser humano. La duda es limitante y puede ser un obstáculo para conocer y vivir en la Verdad de la Palabra. La duda se manifiesta en las indecisiones de asumir posturas y en la falta de certeza o el cuestionamiento de una verdad. Para vencer el escepticismo, es importante tener una actitud humilde y someterse a la dirección de Dios a través de Su Palabra. Si se antepone la mente a lo que "dice" el espíritu, se comete el error de no tomar la decisión correcta en nuestra vida espiritual.

Aplicación:

- Compara la definición de duda con la definición de fe.
- ¿Tienes algún testimonio que te ayudó a cambiar tu percepción de la Realidad de Dios y Su Palabra? Comparte con otros.
- Medita en Hebreos 3:12 y explica por qué el versículo advierte que se cuiden de "un corazón malo de incredulidad".

Oración:

Dios Todopoderoso, vengo ante ti, presentando mis pensamientos para alinearlos con Tu Palabra. Cancelo toda duda que pueda limitar el recibir las bendiciones que has provisto para mí. Someto todo escepticismo al poder del Espíritu Santo que me guía a tomar las decisiones correctas, en el Nombre de Jesús, Amén.

Día 22: La Verdad de la Palabra

Escritura: "Porque la Palabra de Dios es viva y eficaz, y más cortante que espada de dos filos, y penetra hasta partir el alma y el espíritu, las coyunturas y los tuétanos, y discierne los pensamientos y las intenciones del corazón." (Hebreos 4:12)

Reflexión: Al permitirnos tener contacto con la Palabra de Dios, nos damos la oportunidad de comprobar su eficacia y su poder en nuestras vidas. Solo escudriñándola es que podemos conocer las verdades encerradas en ella y permitir que transforme nuestras vidas.

Aplicación:

- Lee, Hebreos 4:12 y discierne el significado de la expresión "más cortante que espada de doble filo".
- ¿Qué revelación de la Palabra, te ha confrontado y motivado a hacer una auto evaluación de tus creencias y posturas espirituales? A través de la instrucción de la Palabra, ¿en qué área has recibido transformación? Razona.
- Compara Hebreos 4:12 con 2 Timoteo 3:16-17. Identifica ¿cuál es la similitud de ambos versículos?

Oración:

Señor Dios, gracias por tu Palabra, te pido que me reveles las verdades encerradas en ella y que pueda internalizarlas en mi mente y en mi corazón, mucho más allá del significado del logo. Quiero que me confrontes, mientras la escudriño y pueda realizar una transformación genuina en mi relación contigo y con tu Verdad. Te lo pido con todo mi corazón, y creyendo que esta oración llega al trono de tu gracia. En el Nombre de Jesús. Amén

Día 23: Elévate

Escritura: "No se conformen a este mundo; más bien, transfórmense por la renovación de su entendimiento de modo que comprueben cuál sea la voluntad de Dios, buena, agradable y perfecta." (Romanos 12:2)

Reflexión: Mientras más conocimiento de la Palabra obtenemos, más aumenta nuestro entendimiento y más elevamos nuestra conciencia al plano espiritual, donde radica nuestro verdadero ser y nuestro diseño original que se conecta con la Voluntad del Padre.

Aplicación:

- En Romanos 12:2, dice que la voluntad de Dios es buena, agradable y perfecta, medita sobre el significado de esta escritura.
- ¿Cuál es la mejor manera de elevarte al plano espiritual? ¿Qué debes hacer para alcanzar el discernimiento que te guíe a conocer la voluntad de Dios en tu vida?
- ¿Qué significa crecer en sabiduría o menguar en ignorancia? Medita como es que puedes menguar en ignorancia.

Oración:

Señor, estoy en un proceso de crecimiento y te pido que cada día florezca en mí el don de tu Sabiduría. Eleva mi conciencia a una mayor comprensión de tu plan en mi vida y que sea tu Voluntad, que es buena, agradable y perfecta la que transforme mi entendimiento y siga creciendo en tu Palabra. Someto cualquier actitud de rebeldía e ignorancia, pues reconozco que sin tu dirección nada soy. Clamo a tu buena voluntad y misericordia, en el Nombre de Jesús. Amén.

Devocional

Día 24: Los Frutos me Identifican

Escritura: "Mas el fruto del Espíritu es amor, gozo, paz, paciencia, benignidad, bondad, fe, mansedumbre, dominio propio; contra tales cosas no hay ley." (Gálatas 5:22-23)

Reflexión: Una de las promesas que recibes con la salvación es la manifestación del Espíritu Santo en tu vida. Mientras más comunión y entrega tengas en tu vida espiritual, más tu vida va a ser transformada al carácter de Cristo. En esa relación, vas a desarrollar ciertas actitudes que serán el testimonio del cambio sobrenatural que está operando en ti, por causa de la relación con el Espíritu Santo.

Aplicación:

- Identifica cuál de los frutos que se describen en Gálatas 5-22-23, son los que se están manifestando en mayor grado en tu transformación.
- Medita sobre el cambio que ha ocurrido en tu diario vivir. ¿Piensas que esos cambios son evidencia de que el Espíritu Santo está dirigiendo tu vida? Explica.
- Examina tu corazón y has introspección genuina para saber si tus acciones están identificando los frutos y si no estás contristando al Espíritu Santo. ¿Qué descubriste?

Oración:

Espíritu Santo, necesito de tu dirección para que pueda desarrollar el Carácter de Cristo. Ayúdame a manifestar tus frutos para vivir en armonía con los que me rodean y poder dar testimonio de la influencia sobrenatural que tú tienes en mi vida. En el Nombre de Jesús, Amén.

Devocional

Día 25: Ángeles a mi Alrededor

Escritura: "Pues a sus ángeles mandará acerca de ti, que te guarden en todos tus caminos". (Salmos 91:11)

Reflexión: Uno de los beneficios como hijos de Dios es que tenemos la promesa de que va a enviar ángeles cerca de nosotros para que nos protejan de cualquier peligro, dificultad y desafío. Los ángeles se hacen reales en la vida del creyente cuando creemos por fe, que Dios cumple sus promesas y si lo dijo, lo hace.

Aplicación:

- Dios es fiel a su Palabra y no miente. Reflexiona sobre la promesa en Salmos 91:11.
- Lee Salmos 34:7- ¿Cómo ministra a tu vida saber que tienes un ángel designado solo para ti?
- Busca un pasaje del Antiguo Testamento que describa la intervención de los ángeles en la vida de alguno de personajes. Medita en la historia y aplícala a tu vida hoy día.

Oración:

Padre, gracias porque tú eres el mismo ayer, hoy y siempre y porque cumples lo que prometes. Tú has asignado ángeles para que cuiden a tus hijos en todo tiempo y lugar. Recibo esa promesa en mi vida, y desato el ángel que tienes a mi servicio y declaro que me acompaña y me protege de todo peligro. Gracias por el ministerio de ángeles que se hacen reales en mi vida porque creo lo que dice Tu Palabra, en el Nombre de Jesús. Amén.

Devocional

Día 26: Revelación del Diezmo

Escritura: "¡Ay de ustedes, maestros de la ley y fariseos, hipócritas! Diezman la menta, el anís y el comino, pero descuidan los asuntos más importantes de la ley: la justicia, la misericordia y la fidelidad. Debían practicar esto, sin dejar de hacer aquello". (Mateo 23:23)

Reflexión: Diezmar y ofrendar debe ser un acto de amor, convicción y gratitud. El tema del diezmo y las ofrendas debe revelarse a cada creyente, para no dar por obligación sino por amor a las almas, por convicción de que agradamos a Dios y por gratitud en respuesta a lo que Jesús nos dio a través de Su Sacrificio. Cuando ofrendamos, no solo nuestro dinero, sino nuestro tiempo y talentos, somos partícipes de la obra del evangelio.

Aplicación:

- 2 Corintios 9:7 nos dice que "Dios ama al dador alegre". Lee y reflexiona sobre este versículo.
- Lee Hebreos 7:4-9, 1ra Corintios 16:2 y Mateo 23:23. Explica que te revelan estas escrituras.
- Interpreta las instrucciones en Malaquías 3:8-10.

Oración:

Espíritu Santo, tú eres quien nos llevas a toda verdad y nos convences de lo que agrada al Padre, te pido que pongas en mi un corazón dispuesto a dar con alegría y ayudar a promover tu Palabra a través del ministerio donde recibo alimento espiritual. Me comprometo a poner a tu servicio mis finanzas, mis talentos y mi tiempo y lo dispongo en mi corazón. En el Nombre del Padre, del Hijo y del Espíritu Santo. Amén.

Devocional

Día 27: Testificando el Gozo

Escritura: Hallé tus palabras, y las comí; y tu palabra fue para mí el gozo y la alegría de mi corazón. (Jeremías 15:16)

Reflexión: Uno de los grandes misterios del evangelio es la manifestación en los creyentes de un gozo indescriptible, que el mundo no puede entender. Cuando se conoce la Palabra de Dios y se vive en obediencia a sus instrucciones, se experimenta un deleite íntimo y continuo a través de la comunión con el Señor. Aun cuando se presenten situaciones difíciles, se siente paz y seguridad. El creyente no vive por las circunstancias ni emociones sino por la confianza en la fidelidad de Dios. La relación con Jesucristo produce gozo.

Aplicación:

- Escucha cánticos de alabanza para entrar en comunión con Dios.
- Analiza el Salmos 3 para conocer como Dios provee consuelo cuando se presenten situaciones adversas.
- Lee y medita en Jeremías 15:16

Oración:

Señor Jesús, ayúdame a mantenerme en tu presencia donde hay plenitud de gozo. Me comprometo a estar en obediencia a tu

Voluntad en mi vida y tener comunión contigo todos los días para testificar a otros del gozo de la salvación. Conocerte en espíritu y verdad produce deleite en mí. Ya no vivo por emociones sino por la certeza de que aun en situaciones difíciles, Tú me extenderás tu Mano y me sentiré en paz y gozo. En el Nombre de Jesús he orado. Amén.

Día 28: Libre del Temor

Escritura: Jehová es mi luz y mi salvación; ¿de quién temeré? Jehová es la fortaleza de mi vida; ¿de quién he de atemorizarme? (Salmos 27:1)

Reflexión: En la Palabra, Dios nos promete estar a nuestro lado en todo tiempo. El tener la certeza de que Dios está a nuestro lado y que nos guía ante cualquier situación que se nos presente nos debe dar paz y seguridad. Él es nuestra luz, salvación y fortaleza, por lo que podemos dejar todas nuestras preocupaciones y obstáculos en sus Manos y confiar en su cuidado y protección. Nada nos debe atemorizar.

Aplicación:

- Clama a Dios con la confianza de que Él l te protege de todo peligro, según lo establece en la Palabra.
- Medita en el Salmos 27:1. ¿Qué garantías te ofrece este versículo?
- Lee 2da, Crónicas 32:7. Analiza el versículo y ora con acción de gracias por esta promesa.

Oración:

Querido Padre, gracias por amarme tanto y estar a mi lado en todo momento. Me agarro de la promesa de que no debo atemorizarme, porque tu me fortaleces cuando estoy en angustia, me salvas ante situaciones de peligro y me guías en medio de la oscuridad de las circunstancias adversas. Te agradezco porque tú me das la confianza de que puedo estar en paz en todo tiempo pues contigo a mi lado no tengo nada que temer. Así lo declaro, en el Nombre de Jesús. Amén.

Día 29: Madurez Espiritual al Servicio de Dios

Escritura: "a fin de perfeccionar a los santos para la obra del ministerio, para la edificación del cuerpo de Cristo". (Efesios 4:12)

Reflexión: Dios espera que el creyente, día a día se perfeccione a través del entrenamiento personal y las experiencias espirituales que lo ayuden a recuperar la integridad perdida por causa del pecado. Este proceso llamado "katartismo", es la preparación a través de enseñanzas y desarrollo espiritual por medio de la oración y el estudio de la Palabra. La finalidad de esta preparación es madurar y ayudar a otros a crecer en su vida cristiana.

Aplicación:

- Identifica un mentor para que te guie en este proceso. (Puede ser tu pastor o un líder espiritual).
- Crea el hábito de orar y estudiar las Escrituras todos los días.
- Efesios 4:12, establece la finalidad de la madurez espiritual. Identifica en que ministerio puedes servir en la iglesia y puedas de esa manera edificar el cuerpo de Cristo con tu servicio.

Oración:

Espíritu Santo, vengo ante ti a darte gracias porque tú me ayudas en mi proceso de regeneración. Has traído convicción a mi espíritu de que debo comprometerme a madurar espiritualmente. Te pido que pongas en mi el querer como el hacer para orar diariamente y estudiar las Escrituras para ir transformando mi corazón. Aviva en mí el deseo de edificar el cuerpo de Cristo, a través del ministerio que tu pongas en mi corazón de acuerdo a mis talentos y capacidades. Este compromiso lo pongo en tus Manos, confiando en que me diriges al lugar donde quieres que sirva para ir madurando espiritualmente. Te lo pido, en el Nombre de Jesús. Amén

Día 30: Nuestro Intercesor

Escritura: "Porque hay un solo Dios, y un solo mediador entre Dios y los hombres, Jesucristo hombre". (1ra Timoteo 2:5)

Reflexión: Una de las mayores promesas establecida en la Palabra es que los creyentes tenemos acceso a la Misericordia de Dios por medio de la intercesión de Cristo. Diariamente pecamos, pero por su amor y justicia nos promete que va a interceder en todo tiempo para que estemos cubiertos por su gracia. Debido a su sacrificio en la cruz, Jesús tiene acceso directo a la presencia del Padre y en esa relación es que presenta nuestros pecados y necesidades, convirtiéndose en nuestro Único Mediador y Abogado.

Aplicación:

- Compara Hebreos 7:25 y 1ra Juan 2:1. ¿Qué prometen ambas escrituras?
- ¿Por qué Jesús es considerado como el Único Mediador entre Dios y los hombres? Medita en 1ra Timoteo 2:5.
- ¿Qué garantía podemos descubrir en Hebreos 7:25 en relación a nuestras oraciones?

Oración:

Jesucristo Hijo, nuestro Salvador e Intercesor, te damos gracias por tu amor y misericordia. Gracias a ese amor, es que intercedes por nosotros cuando pecamos o tenemos necesidades. Tu gracia nos da acceso a recibir perdón por nuestros pecados. Te reconocemos como nuestro único Intercesor y Abogado pues tienes acceso directo a la presencia del Padre y en esa presencia intercedes por nosotros y nuestras oraciones son contestadas por el Padre. Así lo declaramos, en tu hermoso nombre. Amén.

Día 31: Resucitar para Vida Eterna

Escritura: Le dijo Jesús: "Yo soy la resurrección y la vida; el que cree en mí, aunque esté muerto, vivirá." (Juan 11:25)

Reflexión: La vida eterna es una hermosa promesa que se nos presenta a través de las Escrituras. El mensaje central del cristianismo es la fe en Jesucristo como el Salvador, el arrepentimiento de pecados y comenzar a tener una relación íntima con el Padre a través de la dirección del Espíritu Santo para obedecer los mandamientos. Esa es la garantía de vida eterna en el cielo después de la muerte.

Aplicación:

- Medita y analiza Juan 20:21, ¿Qué relación tiene esta escritura con la promesa de resurrección?
- Lee 1ra Corintios 15:13-14, ¿Qué nos garantiza ese pasaje?
- Juan 11:25, ¿Qué mensaje nos deja esas palabras de Jesús? ¿Qué principio encierra este pasaje que puede aplicar a tu vida?

Oración:

Padre eterno, te doy gracias por tu plan redentor y la promesa de resurrección. Jesucristo, gracias a tu sacrificio y tu victoria en la cruz, es que tengo el derecho a vivir en la eternidad al confesarte como el Salvador de mi vida. Espíritu Santo, tú me redarguyes para que me mantenga en obediencia a los mandamientos y en comunión con el Padre Celestial. Es a través de esta relación íntima que tengo la garantía del destino eterno en el cielo. Así lo creo y elijo. En el Nombre del Padre, del Hijo y del Espíritu Santo, Amén.

Autor Biografía

Joa Lawrence es una novel escritora puertorriqueña, apasionada por el estudio de las Escrituras. Posee una Maestría en Consejería Profesional de Matrimonios y Familias, escenario donde ha podido aplicar desde la perspectiva existencial, el conocimiento que ha adquirido sobre el diseño y plan original del Creador con el ser humano.

A través de esta obra quiere exponer a los lectores, la importancia de que conozcan e identifiquen su propósito de vida, pues cree que a través del conocimiento de la Palabra pueden llegar a descubrir el mismo.

El libro incluye, un devocional diario, pues la autora tiene el firme convencimiento de la importancia de alinear a través de la oración, la perspectiva o enfoque en la vida, bajo la cobertura y la dirección del Espíritu Santo.

www.ingramcontent.com/pod-product-compliance
Lightning Source LLC
Chambersburg PA
CBHW070153080526
44586CB00015B/1969